Werner Pawlicki

Wirtschafts- und Sozialkunde

Prüfungssimulationen Abschlussprüfung

Bestell-Nr. 2790

u-form Verlag · Hermann Ullrich GmbH & Co. KG

Deine Meinung ist uns wichtig!

Du hast Fragen, Anregungen oder Kritik zu diesem Produkt?

Das u-form Team steht dir gerne Rede und Antwort.

Einfach eine kurze E-Mail an

feedback@u-form.de

Hinweis

Änderungen, Korrekturen und Zusatzinfos findest du übrigens unter diesem Link:

www.u-form.de/addons/2790-2026.zip

Wenn der Link nicht funktioniert, haben wir noch keine Korrekturen oder Zusatzinfos hinterlegt.

9. Auflage 2026 · ISBN 978-3-95532-790-3

© u-form Verlag | Hermann Ullrich GmbH & Co. KG
Cronenberger Straße 58 | 42651 Solingen
Telefon: 0212 22207-0 | Telefax: 0212 22207-63
Internet: www.u-form.de | E-Mail: uform@u-form.de

So arbeitest du mit diesem Trainingsheft

- In diesem Trainingsheft findest du **3 Prüfungssimulationen** für das Prüfungsfach **Wirtschafts- und Sozialkunde,** das in den meisten kaufmännischen Ausbildungsberufen mit ähnlichen Inhalten abgefragt wird.
- Wie in der originalen IHK-Abschlussprüfung, beziehen sich die Aufgaben in diesem Heft auf ein **Musterunternehmen**, in dem du als Mitarbeiter/-in tätig bist. Eine Unternehmensbeschreibung findest du auf der folgenden Seite.
- Damit du einen möglichst realistischen Selbsttest machen kannst, solltest du dich an die vorgegebene **Bearbeitungszeit von 60 Minuten** pro Simulation halten.
- Die Lösungen findest du im Anschluss an jede Prüfungssimulation.
- Jede Aufgabe ist mit einer Punktzahl versehen. Insgesamt kannst du **100 Punkte** pro Simulation erreichen. In Anlehnung an den IHK-Notenschlüssel ergibt sich folgende Auswertung:

Punkte:	**100 - 92**	**91 - 81**	**80 - 67**	**66 - 50**	**49 - 30**	**29 - 0**
	Note 1	Note 2	Note 3	Note 4	Note 5	Note 6

Verlag und Autor wünschen dir eine erfolgreiche Prüfungsvorbereitung!

Unternehmensbeschreibung

Die Aufgaben der Prüfungssimulationen beziehen sich auf das folgende Musterunternehmen:

Firma	Mannheimer Haushaltsgeräte KG (MaHaG KG)
Geschäftszweck	Herstellung und Vertrieb von Haushaltsgeräten. Planung und Montage von Großküchen im Bereich der Gastronomie sowie betrieblicher Werkskantinen. Entwicklung und Installation vernetzter Haushaltsgeräte.
Geschäftssitz	Am Waldhausenpark 4, 68159 Mannheim
Registergericht	Amtsgericht Mannheim HRA 15005 Steuernummer 46/430/5671 USt.-ID.-Nummer: DE 12365497824
Gesellschafter	Komplementärin: Lea Hollermann mit einer Einlage von 80.000 € Kommanditist: Cem El Hani mit einer Einlage von 40.000 € Kommanditistin: Ludmilla Tagellowsk mit einer Einlage von 20.000 €
Geschäftsführung und -vertretung	Geschäftsführende Gesellschafterin: Lea Hollermann
Prokuristen	Gerda Kalinov (Gesamtprokura); Rüdiger Glaschost (Gesamtprokura) Waltraud Miller (Einzelprokura)
Mitarbeiter/-innen **Mitbestimmung und Tarifzugehörigkeit**	150 Beschäftigte, davon 16 Auszubildende Betriebsrat und Jugend- und Auszubildendenvertretung sind vorhanden. Die MaHaG KG ist Mitglied im Metall-Arbeitgeberverband. Der entsprechende Tarifvertrag wird angewandt.
Auszug aus dem Absatzprogramm	**Eigene Erzeugnisse** – Backöfen – Dampfgarer – Mikrowellengeräte – Autarke Kochfelder – Dunstabzugshauben – Kaffee-Vollautomaten – Kühl- und Gefriergeräte – Geschirrspüler – Waschmaschinen – Trockner **Handelswaren** – Zubehör: Herde – Zubehör: Dampfgarer – Zubehör: Geschirrspüler – Pflege- und Reinigungsprodukte – Topf- und Pfannensortimente – Monitore zur netzwerkunterstützten Gerätesteuerung **Dienstleistungen** – Planung, Lieferung und Montage von Großküchen – Vernetzung der Haushaltsgeräte – Wartung und Kundendienst – Entsorgung der Altgeräte
Fertigungsart	Einzel- und Serienfertigung
Innovatives Produktsortiment	mahag-smart@home: Handy- und Netzwerksteuerung der Haushaltsgeräte
Ökologische Verantwortung	Die MaHaG KG verpflichtet sich zu einer ressourcensparenden Produktion und ökologisch sinnvollen Distribution.

Situation zu den Aufgaben 1 – 3

Zu Ihren Aufgaben in der Personalabteilung zählen neben allgemeinen personalwirtschaftlichen Aufgaben auch die Zusammenarbeit mit dem Betriebsrat und die Beachtung und Anwendung tarifrechtlicher Vorschriften

Aufgabe 1

Welche **beiden** Regelungen finden Sie in einem Manteltarifvertrag?

1. Beginn und Ende der den Arbeitnehmern zustehenden Pausen
2. Höhe der Ausbildungsvergütung
3. Höhe des Tarifgehaltes
4. Dauer der wöchentlichen Arbeitszeit
5. Höhe des jährlichen Urlaubsanspruchs
6. Nutzung betrieblicher sozialer Einrichtungen

Aufgabe 2

In der MaHaG KG steht die Wahl des Betriebsrates an. Der Wahlvorstand prüft die Wahlberechtigung zum Stichtag der Wahl gemäß dem Auszug aus dem Betriebsverfassungsgesetz.

Auszug aus dem Betriebsverfassungsgesetz

§ 5 Arbeitnehmer
(1) Arbeitnehmer (Arbeitnehmerinnen und Arbeitnehmer) im Sinne dieses Gesetzes sind Arbeiter und Angestellte einschließlich der zu ihrer Berufsausbildung Beschäftigten, unabhängig davon, ob sie im Betrieb, im Außendienst oder mit Telearbeit beschäftigt werden. [...]
(3) Dieses Gesetz findet, soweit in ihm nicht ausdrücklich etwas anderes bestimmt ist, keine Anwendung auf leitende Angestellte. Leitender Angestellter ist, wer nach Arbeitsvertrag und Stellung im Unternehmen oder im Betrieb
1. zur selbständigen Einstellung und Entlassung von im Betrieb oder in der Betriebsabteilung beschäftigten Arbeitnehmern berechtigt ist oder
2. Generalvollmacht oder Prokura hat [...]

§ 7 Wahlberechtigung
(1) Wahlberechtigt sind alle Arbeitnehmer des Betriebes, die das 16. Lebensjahr vollendet haben. Werden Arbeitnehmer eines anderen Arbeitgebers zur Arbeitsleistung überlassen, so sind diese wahlberechtigt, wenn sie länger als drei Monate im Betrieb eingesetzt werden.

Welche **drei** Personen sind wahlberechtigt?

1. Die geschäftsführende Gesellschafterin Lea Hollermann
2. Anja Melter, eine 30-jährige Mitarbeiterin eines Zeitarbeitsunternehmens, die vor vier Monaten dem Unternehmen zur Umstellung der Software-Anwendungen auf unbestimmte Zeit überlassen wurde.
3. Marga Becker, eine 16-jährige Schülerpraktikantin, die in ihren sechswöchigen Sommerferien im Unternehmen tätig ist.
4. Die Handelsvertreterin Claudia Roth, die seit 15 Jahren eng mit der MaHaG KG zusammenarbeitet.
5. Carlos Brentinger, ein Mitarbeiter, der mittels Telearbeitsplatz wöchentlich zu Hause 30 Stunden für die MaHaG KG tätig ist.
6. Die 17-jährige Auszubildende Bea Timmermann.

Aufgabe 3

Mit Ihren Auszubildenden sprechen Sie über die anstehenden Betriebsratswahlen.
Welche **beiden** Aussagen sind richtig?

1. Ohne Zustimmung der Komplementärin Lea Hollermann kann kein neuer Betriebsrat gewählt werden.
2. Der amtierende Betriebsrat kann nicht wiedergewählt werden.
3. Ein Mitglied der Jugend- und Auszubildendenvertretung kann nicht gleichzeitig Mitglied des Betriebsrates sein.
4. Aktives Wahlrecht ist das Recht, sich zur Wahl des Betriebsrates als Kandidat aufstellen zu lassen.
5. Einem Mitglied des Betriebsrates kann während seiner Amtszeit nur außerordentlich gekündigt werden.
6. Die regelmäßige Amtszeit des Betriebsrates beträgt fünf Jahre.

Situation zu den Aufgaben 4 und 5

Bei Ihrer Personalarbeit müssen Sie zum Schutz der Arbeitnehmer und Arbeitnehmerinnen die Bestimmungen des „Allgemeinen Gleichbehandlungsgesetzes“ beachten.

Aufgabe 4

Welche **beiden** Sachverhalte sind im Allgemeinen Gleichbehandlungsgesetz (AGG) geregelt?

1. Das AGG regelt, dass Benachteiligungen aus Gründen der ethnischen Herkunft, des Geschlechts, der Religion oder Weltanschauung, einer Behinderung, des Alters oder der sexuellen Identität beim Auswahlverfahren nicht zulässig sind.
2. Die Benachteiligungsverbote des AGG erstrecken sich auch auf Ungleichbehandlungen beim beruflichen Aufstieg und die Beschäftigungs- und Arbeitsbedingungen.
3. Bei Verstoß gegen das AGG hat der betroffene Arbeitnehmer keinen Anspruch auf Schadensersatz.
4. Bei einer Stellenausschreibung muss der Arbeitgeber nicht geschlechtsneutral ausschreiben.

Aufgabe 5

Die MaHaG KG plant, einen Fachinformatiker Anwendungsentwicklung (m/w/d) einzustellen. Nachdem Sie das Anforderungsprofil entworfen haben, weist Ihre Rechtsabteilung Sie darauf hin, dass eine Formulierung gegen das Allgemeine Gleichbehandlungsgesetz (AGG) verstößt.

Was dürfen Sie **nicht** in eine Stellenbeschreibung nach dem AGG schreiben?

1. „Sie beherrschen die englische Sprache in Word und Schrift.“
2. „Sie sind in der Lage, dynamische Webseiten zu programmieren.“
3. „Sie passen in unser Team, wenn Sie nicht älter als 30 Jahre sind.“
4. „Sie sind mobil und auch bereit, unsere Kunden deutschlandweit zu besuchen.“

Situation zu den Aufgaben 6 – 11

Als Mitarbeiter/-in der Personalabteilung, Bereich Aus- und Fortbildung, begleiten Sie die Auszubildenden während der gesamten Ausbildungsdauer. Sie verfügen über die erforderlichen Kenntnisse der entsprechenden Gesetze.

Aufgabe 6

Bei der Gestaltung der Ausbildungsverträge für volljährige und jugendliche Auszubildende müssen Sie darauf achten, dass gesetzliche Bestimmungen eingehalten werden. In welchen **beiden** Gesetzen schauen Sie nach, wenn Sie Inhalte eines Ausbildungsvertrages prüfen möchten?

1. Jugendschutzgesetz
2. Arbeitssicherheitsgesetz
3. Berufsbildungsgesetz
4. Betriebsverfassungsgesetz
5. Jugendarbeitsschutzgesetz

Aufgabe 7

Im Arbeitsrecht gibt es unterschiedliche Gestaltungsfaktoren. Ordnen Sie die folgenden Gestaltungsfaktoren nach ihrer Priorität, beginnend mit dem schwächsten.

Tarifvertrag

Gesetz

Rechtsverordnung

Arbeitsvertrag

Betriebsvereinbarung

Weisung des Arbeitgebers

Grundgesetz

Aufgabe 8

Welche **zwei** Bestimmungen finden Sie im Berufsbildungsgesetz?

1. Sollte die IHK-Prüfung vorher bestanden werden, endet das Ausbildungsverhältnis dennoch erst mit Ablauf der vertraglich festgelegten Ausbildungszeit.
2. Will ein Auszubildender eine Ausbildung in einem anderen Beruf beginnen, so kann er das Ausbildungsverhältnis auch nach der Probezeit noch beenden.
3. Jugendliche Auszubildende haben einen Anspruch auf eine einstündige Pause, wenn sie mehr als 6 Stunden beschäftigt werden.
4. Bei der Beendigung eines Berufsausbildungsverhältnisses hat der Auszubildende Anspruch auf ein Zeugnis. Er hat die Möglichkeit, ein qualifiziertes Zeugnis zu verlangen.
5. Die Ausbildung endet in jedem Fall mit dem letzten Termin der mündlichen Prüfung.

Aufgabe 9

Jens Rievers hat am 15.01.2026 seine Ausbildung mit dem Bestehen der letzten Prüfung erfolgreich beendet. Weil sein Ausbildungsvertrag als Vertragsende den 31.03.2026 vorsieht, ist er der Meinung, dass er bis zu diesem Zeitpunkt arbeiten muss.

Welche Rechtsfolge tritt ein, wenn er ab dem 16.01.2026 in der bisherigen Abteilung weiterarbeitet?

1. Er muss weiterarbeiten, weil sein Ausbildungsvertrag das vorsieht.
2. Es handelt sich um einen schwebend-unwirksamen Arbeitsvertrag, der angefochten werden kann.
3. Die Weiterbeschäftigung kann jederzeit von beiden Seiten ohne Kündigung beendet werden.
4. Es wird ein neues Arbeitsverhältnis begründet mit einer neuen Probezeit von drei Monaten.
5. Jens Rievers begründet damit ein neues unbefristetes Arbeitsverhältnis und hat Anspruch auf Zahlung eines Gehalts ab dem 16.01.2026.

Aufgabe 10

Bei der MaHaG KG stehen Wahlen zur Jugend- und Auszubildendenvertretung an. Katja Sommer (Vertriebsmitarbeiterin, 24 Jahre alt), die bereits im Betriebsrat ist und umfangreiche Erfahrungen dort gesammelt hat, will nun auch für dieses Amt kandidieren. Prüfen Sie, ob das möglich ist. Beachten Sie hierzu den folgenden Gesetzestext:

Ausschnitt aus dem Betriebsverfassungsgesetz – Erster Abschnitt: Jugend- und Auszubildendenvertretung

§ 60 Errichtung und Aufgabe

(1) In Betrieben mit in der Regel mindestens fünf Arbeitnehmern, die das 18. Lebensjahr noch nicht vollendet haben (jugendliche Arbeitnehmer) oder die zu ihrer Berufsausbildung beschäftigt sind, werden Jugend- und Auszubildendenvertretungen gewählt.

(2) Die Jugend- und Auszubildendenvertretung nimmt nach Maßgabe der folgenden Vorschriften die besonderen Belange der in Absatz 1 genannten Arbeitnehmer wahr.

§ 61 Wahlberechtigung und Wählbarkeit

(1) Wahlberechtigt sind alle in § 60 Abs. 1 genannten Arbeitnehmer des Betriebs.

(2) Wählbar sind alle Arbeitnehmer des Betriebs, die das 25. Lebensjahr noch nicht vollendet haben oder die zu ihrer Berufsausbildung beschäftigt sind; § 8 Abs. 1 Satz 3 findet Anwendung. Mitglieder des Betriebsrats können nicht zu Jugend- und Auszubildendenvertretern gewählt werden.

1. Frau Sommer kann kandidieren, weil sie ja Praxiserfahrung aus ihrer Tätigkeit im Betriebsrat hat.
2. Frau Sommer kann nicht kandidieren, weil dem Arbeitgeber doppelte Kosten nicht zuzumuten sind.
3. Frau Sommer kann nicht kandidieren, weil das Betriebsverfassungsgesetz so etwas ausschließt.
4. Frau Sommer kann kandidieren, weil es sich um zwei verschiedene Organe der Betriebsverfassung handelt.

Aufgabe 11

Bevor Sie die Ausbildungsverträge den Auszubildenden schicken, überprüfen Sie diese. Ein Ausbildungsvertrag weist einen Fehler auf, der gegen das Berufsbildungsgesetz verstößt. Um welchen Fehler handelt es sich hier?

1. Für die verschiedenen Ausbildungsjahre ist bereits jetzt die jeweilige Vergütung gestaffelt nach Ausbildungsjahren eingetragen.
2. Persönliche Angaben zu den Eltern, wie etwa Beruf und Konfession, fehlen.
3. Die Dauer der Ausbildung beträgt 36 Monate.
4. Die Probezeit beträgt 6 Monate.
5. Es sind nur die Kündigungsvoraussetzungen einer ordentlichen Kündigung aufgeführt, nicht aber die erforderlichen Gründe einer außerordentlichen.

Aufgabe 12

Unternehmen können in der Form einer Personengesellschaft oder als juristische Person geführt werden. Auf welchen Begriff trifft die Bezeichnung „Juristische Person des privaten Rechts“ zu?

1. König GmbH
2. Berufsgenossenschaft Bergmannsheil
3. Industrie- und Handelskammer Mannheim
4. Dr. Michaela Kluge, RA und Notarin
5. Gerichtsvollzieher Ferdinand Piersch

Aufgabe 13

Zu den Kunden der MaHaG KG zählen neben den Personengesellschaften auch juristische Personen des privaten und des öffentlichen Rechts. Bei welchen **beiden** Kunden der MaHaG KG handelt es sich um juristische Personen des öffentlichen Rechts?

1. Schützenverein Mannheim 1896 e. V.
2. Stadt Mannheim
3. Universität Heidelberg
4. Großküchenausstatter Bösle GmbH
5. Rechtsanwaltssozietät „Edel & Stark“
6. Mülldeponie Stuttgart KG

Aufgabe 14

In der MaHaG KG stehen Kündigungen an. Kennzeichnen Sie die jeweilige Art der Kündigung

1. Verhaltensbedingte Kündigung
2. Betriebsbedingte Kündigung
3. Personenbedingte Kündigung

Sachverhalt

a) Dem Berufskraftfahrer Laurenz Ortega wird wegen eines groben Verkehrsverstoßes der Führerschein entzogen.

b) Lydia Krause wird gekündigt, weil sie Firmendaten weitergegeben hat.

c) Drei Mitarbeitern der Produktionsabteilung III wird gekündigt, weil die Abteilung geschlossen wird.

Situation zu den Aufgaben 15 – 19

Als Unternehmen mit „Ökologischem Bewusstsein“ verfolgt die MaHaG KG neben den marktwirtschaftlichen auch ökologische Ziele. Dies gilt gleichermaßen für die Produktion als auch für den Versand.

Aufgabe 15

Um ihr Kapital sinnvoll einzusetzen und zu verwerten, handelt die MaHaG KG zunächst einmal nach dem ökonomischen Prinzip.

In welchen **beiden** Fällen handelt es sich um die Anwendung des Maximalprinzips?

1. Der Absatz der Mikrowellengeräte soll im kommenden Geschäftsjahr das Vorjahresniveau erreichen, der Materialverbrauch soll dabei aber um 4 % gesenkt werden.

2. Mitarbeiter der MaHaG KG haben im Rahmen des betrieblichen Vorschlagswesens ein verbessertes Produktionsverfahren entwickelt. Bei der Herstellung ihrer Dampfgarer hat die MaHaG KG bei höherer Produktionsmenge gleiche Stückkosten. Die Geschäftsleitung greift den Verbesserungsvorschlag ihrer Mitarbeiter auf.

3. Für die Ausstattung der PC-Arbeitsplätze wurde ein Budget von 60.000 € veranschlagt. Durch Verhandlungen mit Ihrem Geschäftspartner erreichen Sie, dass das neueste und verbesserte Betriebssystem auf allen Rechnern vorinstalliert ist.

4. Nach der anhaltenden Nachfrage nach Kaffee-Vollautomaten beschließt die Geschäftsleitung, die Produktion vorsichtig um 5 % zu erhöhen. Dies geht einher mit einem verstärkten Material- und Personaleinsatz.

Aufgabe 16

Neben ihren ökonomischen Zielsetzungen beachtet die MaHaG KG für erfolgreiches ökologisches Handeln Aspekte der Abfallvermeidung, der Abfallverminderung und der Abfallumwandlung. Ordnen Sie diese drei Maßnahmen

1. Abfallverminderung
2. Abfallvermeidung
3. Abfallumwandlung

den folgenden Aktionen zu:

a) Anstatt Kartons komplett mit einer durchgehenden Folie zu überziehen, werden nur noch 2 cm breite Folienstreifen zur Stabilisierung der Kartons auf dem Transportweg verwendet.

b) Kartons und Verpackungsmaterial werden nicht mehr sofort entsorgt, sondern an Unternehmen verkauft, die sich darauf spezialisiert haben, Kartonagen als Dämmmaterial weiterzuverarbeiten.

c) Bei der Lieferung von Küchen-Zubehörteilen an Händler und Großabnehmer verwendet die MaHaG KG Kunststoffboxen und Leihpaletten, die ähnlich wie bei einem Pfand gegen Gutschrift zurückgenommen werden.

Aufgabe 17

Prüfen Sie, welche der folgenden Maßnahmen der MaHaG KG **keine** ökologische Zielsetzung beinhaltet.

1. Statt der vielen unterschiedlichen Arbeitsplatzdrucker werden abteilungsbezogen leistungs- und netzwerkfähige Multifunktionsdrucker genutzt.
2. Beim Kauf von Büromaschinen wird auf die Energieeffizienz geachtet.
3. In der Betriebskantine der MaHaG KG werden vorzugsweise saisonale und vegane Speisen angeboten.
4. Das Unternehmen wechselt zu einem kostengünstigen Stromanbieter, der auf fossile Energieträger setzt.

Aufgabe 18

Bei der Verfolgung ökonomischer Ziele berücksichtigt die MaHaG KG auch zunehmend Aspekte des Umweltschutzes. Prüfen Sie, wo Zielharmonie herrscht, also ökonomische und ökologische Aspekte im Einklang sind.

1. In der Betriebskantine werden nur noch Steaks aus artgerechter argentinischer Rinderzucht serviert.
2. Das Verwaltungsgebäude der Mannheimer Haushaltsgeräte KG erhält eine Klimaanlage.
3. Drucker und Plotter mit einem hohen Geräuschpegel werden mit einer Schallschutzhaube ausgestattet.
4. Es werden nur noch LEDs für die Beleuchtung eingesetzt.
5. Eine hochtourig laufende Drehmaschine wird mit einer Sicherheitseinrichtung nachgerüstet.

Aufgabe 19

Im Rahmen der von den Unternehmen praktizierten Kommunikationspolitik weisen Firmen verstärkt auf verantwortungsbewusstes und nachhaltiges Wirtschaften hin. Bei welcher Maßnahme wirtschaftet die MaHaG KG ökologisch nachhaltig und kann werbewirksam darauf hinweisen?

1. Für die Produktion ihrer Haushaltsgeräte stellt die MaHaG KG um auf „Just-in-time".
2. Zur Kosteneinsparung nutzt die MaHaG KG die Vorteile des „Outsourcings": einige Funktionsbereiche werden ausgelagert.
3. Die MaHaG KG setzt ihre Ressourcen sparsam ein, versucht, Brauchwasser nach Kühlung wieder dem Produktionsprozess zuzuführen, vermeidet aufwendige Verpackungen und publiziert diese Aktionen auf ihrer Internetseite.
4. Bei der Einstellung von Mitarbeitern bevorzugt die MaHaG KG junge Mitarbeiter, zeichnen sich diese doch durch mäßige Gehaltsansprüche aus. Damit lassen sich die Lohnkosten deutlich senken.

Situation zu den Aufgaben 20 – 24

Die MaHaG KG beachtet nicht nur die am Markt vorhandenen Mitbewerber, sondern auch wirtschaftliche Trends und Prognosen des Sachverstandigenrates zur Begutachtung der gesamtwirtschaftlichen Entwicklung.

Aufgabe 20

Für ihre mittel- und langfristige Planung benötigt die MaHaG KG Informationen, in welcher Konjunkturphase sich aktuell die wirtschaftliche Entwicklung befindet. Welche Merkmale kennzeichnen den Abschwung?

1. Die Nachfrage auf dem Arbeitsmarkt nimmt zu.
2. Die Kapazitätsauslastung nähert sich ihrem Höhepunkt.
3. Die Nachfrage nach Krediten nimmt zu, weil die Unternehmen in dieser Situation verstärkt investieren.
4. Ein wirtschaftlicher Abschwung führt zum Abbau von Überstunden und von Arbeitsplätzen.

Aufgabe 21

Wie sollte die Mannheimer Haushaltsgeräte KG im Fall eines beginnenden Abschwungs agieren? (2 Antworten)

1. Sie sollte langsam die Produktionsmenge reduzieren.
2. Sie sollte bei der Bundesagentur für Arbeit Kurzarbeitsgeld beantragen.
3. Sie sollte vorhandene Überstunden abbauen.
4. Sie kann optimistisch in die Zukunft blicken und vorsichtig Produktion und ggf. Mitarbeiterzahl erhöhen.
5. Sie sollte den Betriebsrat über betriebsbedingte Kündigungen rechtzeitig informieren.

Aufgabe 22

Der Markt für induktionsgeeignetes Kochgeschirr zeichnet sich durch das folgende Angebots- und Nachfrageverhalten aus:

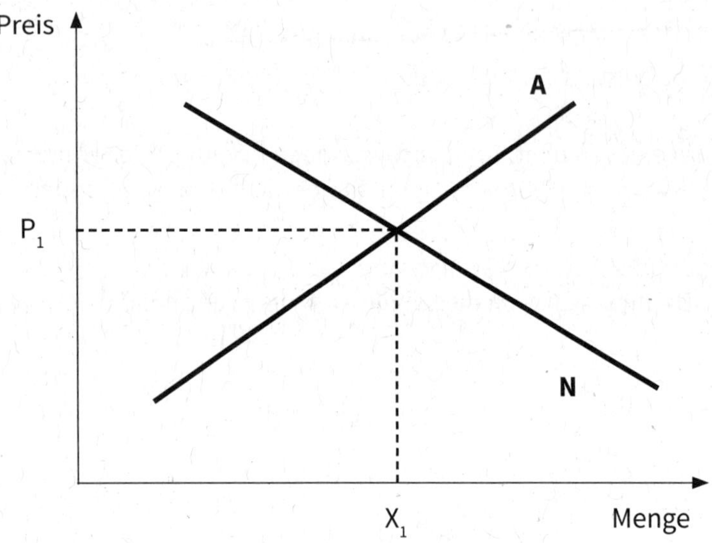

a) Was lässt sich aus dem Punkt P_1 ablesen?

b) Was lässt sich aus dem Punkt X_1 ablesen?

1. Gleichgewichtsmenge
2. Mindestpreis
3. Käufermarkt
4. Verkäufermarkt
5. Nachgefragte Menge
6. Angebotene Menge
7. Gleichgewichtspreis

Aufgabe 23

Die verschiedenen Konjunkturphasen veranlassen auch die Mannheimer Haushaltsgeräte KG, ihr wirtschaftliches Verhalten danach auszurichten. Prüfen Sie, in welcher Konjunkturphase sich die MaHaG KG ökonomisch sinnvoll verhält.

1. Konjunkturphase Rezession: Die Nachfrage nach Haushaltsgeräten wird ihren Tiefstand erreichen; was einhergeht mit einer hohen Arbeitslosigkeit. Die MaHaG KG hält das bisherige Produktionsniveau aufrecht, um bei künftiger Nachfrage lieferbereit zu sein.
2. Konjunkturphase Depression: Die Wirtschaft hat ihren Tiefpunkt erreicht. Die MaHaG KG baut daher Überstunden ab und richtet sich auf die Einrichtung von Kurzarbeit ein.
3. Konjunkturphase Expansion: Die MaHaG KG verzeichnet eine zunehmende Nachfrage. Sie erhöht vorsichtig die Produktionskapazität und fragt verstärkt Personal nach.
4. Konjunkturphase Boom: Die steigende Nachfrage bleibt auf hohem Niveau; um der bevorstehenden Depression zu begegnen, baut die MaHaG KG Überstunden ab und verstärkt ihre Werbemaßnahmen.

Aufgabe 24

Prüfen Sie, welche Aussage über den einfachen Wirtschaftskreislauf richtig ist.

1. Die Einkommen in Form von Löhnen und Gehältern fließen von den privaten Haushalten in die Unternehmen.
2. Die Konsumgüterausgaben für Güter fließen von den Unternehmen in die privaten Haushalte.
3. Produktionsgüter sind Teil des Güterstroms von den privaten Haushalten in die Richtung der Unternehmen.
4. Die Einkommen in Form von Löhnen und Gehältern sind Teil des Geldstromes, der von den Unternehmen zu den Haushalten fließt.

Situation zu den Aufgaben 25 – 27

Sie sind in der MaHaG KG für die Bereiche Arbeitsschutz und -sicherheit sowie Jugendarbeitsschutz zuständig. Regelmäßig organisieren Sie auch Informationsveranstaltungen zur Arbeitssicherheit.

Aufgabe 25

Ein Auszubildender der MaHaG KG stürzt im Hauptlagerhaus beim Einsortieren von Waren von der Leiter und bricht sich ein Bein. Wem muss die entsprechende Unfallmeldung zugeleitet werden?

1. Der Krankenkasse
2. Der Industrie- und Handelskammer
3. Der Betriebshaftpflichtversicherung
4. Der Berufsgenossenschaft
5. Der Personalabteilung der MaHaG KG
6. Dem Betriebsarzt
7. Dem Sicherheitsbeauftragten

Aufgabe 26

Auf welche Verhaltensweise im Brandfall weisen die folgenden Hinweisschilder hin:

1.  **2.**  **3.**  **4.** 

a) Brand melden

b) In Sicherheit bringen

c) Notruftelefon betätigen

d) Löschversuch unternehmen

Aufgabe 27

Marga Schlöter, angehende Kauffrau für Büromanagement, informiert sich bei Ihnen über die Regelungen zur Arbeitsunfähigkeit. Welche **zwei** Aussagen hierzu sind richtig?

1. Im Krankheitsfall erhalten Auszubildende keine Entgeltfortzahlung, weil sie keine Arbeitnehmer sind.
2. Die Mannheimer Haushaltsgeräte KG kann schon am 1. Tag der Arbeitsunfähigkeit eine ärztliche Bescheinigung von ihren Auszubildenden verlangen.
3. Ärztliche Bescheinigungen zur Arbeitsunfähigkeit müssen spätestens am 5. Tag nach Erkrankung eingereicht werden.
4. Erst nach einer Anwartschaft von einem Jahr bei der MaHaG KG haben alle Mitarbeiter Anspruch auf Fortzahlung ihres Gehaltes bei Arbeitsunfähigkeit.
5. Entgeltfortzahlung im Krankheitsfall gibt es nur bei unverschuldeter Arbeitsunfähigkeit.

Aufgabe 28

Gerda Kalinov und Rüdiger Glaschost sind Prokuristen (Gesamtprokura) der MaHaG KG und im Handelsregister eingetragen. Welche **beiden** Wirkungen haben Einträge von Vollmachten in das Handelsregister?

1. Die Eintragung über eine erteilte Prokura in das Handelsregister hat konstitutive Wirkung.
2. Eine Eintragung über die Erteilung der Prokura in das Handelsregister bedarf zu ihrer Wirksamkeit eine Mitteilung an die Geschäftsfreunde.
3. Sowohl Gerda Kalinov wie auch Rüdiger Glaschost können selbstständig die MaHaG KG rechtswirksam vertreten.
4. Die Eintragung über eine erteilte Prokura in das Handelsregister hat deklaratorische Wirkung.
5. Gerda Kalinov und Rüdiger Glaschost können rechtswirksam nur gemeinsam das Unternehmen vertreten.

Situation zu den Aufgaben 29 und 30

Nach Abschluss ihrer Ausbildung als Fachinformatikerin möchte sich Claudia Both im Bereich der IT-Dienstleistung selbstständig machen. Sie beabsichtigt, im Betrieb mitzuarbeiten und mit ihrem gesamten Kapital zu haften. Ihr Geschäftspartner möchte nur eine Kapitaleinlage von 80.000 € einbringen.

Aufgabe 29

Für welche Unternehmensform wird Claudia Both sich unter diesen Voraussetzungen entscheiden?

1. Kommanditgesellschaft (KG)
2. Gesellschaft mit beschränkter Haftung (GmbH)
3. Offene Handelsgesellschaft (OHG)
4. Einzelunternehmung (e. Kfr.)

Aufgabe 30

Für ein Darlehen zur Existenzgründung verlangt die Bank von Claudia Both einen Businessplan. Wozu dient dieser?

Der Businessplan ...

1. ... wird vom Amt für Wirtschaftsförderung ausgestellt.
2. ... dient ausschließlich der Sicherheit bei einer Kreditaufnahme.
3. ... muss nur bei der Gründung von Kapitalgesellschaften erstellt werden.
4. ... legt die strategischen Ziele eines Unternehmens fest.
5. ... wird beim Amtsgericht (Handelsregister) hinterlegt.

Lösungen Prüfungssimulation 1

1. Aufgabe	4; 5
2. Aufgabe	2; 5; 6
3. Aufgabe	3; 5
4. Aufgabe	1; 2
5. Aufgabe	3
6. Aufgabe	3; 5
7. Aufgabe	4 – 6 – 5 – 2 – 3 – 1 – 7
8. Aufgabe	2; 4
9. Aufgabe	5
10. Aufgabe	3
11. Aufgabe	4
12. Aufgabe	1
13. Aufgabe	2; 3
14. Aufgabe	a) 3; b) 1; c) 2
15. Aufgabe	2; 3
16. Aufgabe	a) 1; b) 3; c) 2
17. Aufgabe	4
18. Aufgabe	4
19. Aufgabe	3
20. Aufgabe	4
21. Aufgabe	1; 3
22. Aufgabe	a) 7; b) 1
23. Aufgabe	3
24. Aufgabe	4
25. Aufgabe	4
26. Aufgabe	a) 3; b) 4; c) 1; d) 2
27. Aufgabe	2; 5
28. Aufgabe	4; 5
29. Aufgabe	1
30. Aufgabe	4

Bewertung: insgesamt 100 Punkte

Je Aufgabe: 3,33333 Punkte, bei Aufgaben mit Mehrfachlösung entsprechend Teilpunkte

Situation zu den Aufgaben 1 – 10

Sie sind Mitarbeiter/-in in der Abteilung Personalwirtschaft, Bereich Aus- und Fortbildung. Zu Ihrem Aufgabengebiet gehört neben der Bewerbungsabwicklung und der Zusammenarbeit mit dem Betriebsrat auch die Betreuung der Auszubildenden.

Aufgabe 1

Carlos Ortega, 17 Jahre alt, beginnt am 01.08.2025 seine Berufsausbildung als Fachinformatiker bei der MaHaG KG. Der Auszubildende vollendet am 15.01.2026 das 18. Lebensjahr.

Ermitteln Sie aus den folgenden Gesetzesauszügen, wieviel Arbeitstage Urlaub ihm für das Kalenderjahr 2026 zustehen.

Auszug aus dem Jugendarbeitsschutzgesetz – JArbSchG

§ 19 Urlaub
(1) Der Arbeitgeber hat Jugendlichen für jedes Kalenderjahr einen bezahlten Erholungsurlaub zu gewähren.
(2) Der Urlaub beträgt jährlich
1. mindestens 30 Werktage, wenn der Jugendliche zu Beginn des Kalenderjahrs noch nicht 16 Jahre alt ist,
2. mindestens 27 Werktage, wenn der Jugendliche zu Beginn des Kalenderjahrs noch nicht 17 Jahre alt ist,
3. mindestens 25 Werktage, wenn der Jugendliche zu Beginn des Kalenderjahrs noch nicht 18 Jahre alt ist.

Auszug aus dem Tarifvertrag für die MaHaG KG

§ 36 Erholungsurlaub
(1) Die Dauer des Erholungsurlaubs beträgt für alle Beschäftigten der MaHaG KG 30 Arbeitstage.

Aufgabe 2

Der Auszubildende Igor Czervinski muss im Rahmen seiner Ausbildung immer wieder Tätigkeiten verrichten, die nach dem Berufsbild ausbildungsfremd und im betrieblichen Ausbildungsplan nicht vorgesehen sind.

An welche Stelle kann sich der Auszubildende in Fragen der Berufsausbildung wenden?

1. Berufsgenossenschaft
2. Arbeitsgericht
3. Industrie- und Handelskammer
4. Metall-Arbeitgeberverband
5. Dienstleistungsgewerkschaft ver.di
6. Amtsgericht

Aufgabe 3

Fatima Kuslu, 17 Jahre alt, hat am 1. September ihre Berufsausbildung als Fachinformatikerin bei der MaHaG KG begonnen. Welche Vorschrift des Jugendarbeitsschutzgesetzes gilt für sie?

1. Sie darf maximal 48 Stunden in der Woche arbeiten.
2. Sie darf nur an 5 Tagen in der Woche beschäftigt werden.
3. Sie hat Anspruch auf 45 Minuten Pause bei einer 8-stündigen Arbeitszeit.
4. Die Freizeit zwischen zwei Arbeitstagen muss mindestens 10 Stunden betragen.
5. Spätestens 3 Monate nach Ausbildungsbeginn muss eine ärztliche Erstuntersuchung erfolgen.

Aufgabe 4

Arbeitnehmer erhalten im Krankheitsfall weiterhin ihre Vergütung, obwohl sie ihre Arbeitsleistung nicht erbringen können. Gilt das auch gleichermaßen für Auszubildende?

1. Bei der Ausübung gefährlicher Sportarten ist der Arbeitgeber generell von der Entgeltfortzahlungspflicht befreit.
2. Nur bei unverschuldeter Krankheit muss der Arbeitgeber die Ausbildungsvergütung weiterzahlen.
3. Ein Auszubildender erhält nur für die Dauer von vier Wochen weiterhin seine Ausbildungsvergütung.
4. Statt des Anspruchs auf Weiterzahlung der Ausbildungsvergütung hat der Auszubildende einen Anspruch auf Zahlung von Krankengeld.

Aufgabe 5

In der Mannheimer Haushaltsgeräte KG wurde dem Auszubildenden Mario Klug fristlos gekündigt, weil er beim Aufbrechen eines Spindes ertappt wurde. Der Betriebsrat wurde nach der fristlosen Kündigung informiert und stimmte dieser nachträglich bedenkenlos zu.

Welche Rechtsfolgen hat die Kündigung durch den ausbildenden Betrieb?

1. Die Kündigung ist unwirksam.
2. Ein Auszubildender muss in jedem Fall bis zum Vertragsende des Ausbildungsvertrages beschäftigt und ausgebildet werden.
3. Bei einem Straftatbestand wie Diebstahl oder einem schweren Vertrauensbruch ist die Kündigung immer wirksam, auch ohne Anhörung des Betriebsrates.
4. Bei einem Auszubildenden muss die Jugend- und Auszubildendenvertretung gehört werden. Weil dies nicht geschehen ist, ist die Kündigung aus diesem Grunde unwirksam.

Aufgabe 6

In den Arbeitsverträgen der MaHaG KG ist wie auch in den Ausbildungsverträgen immer eine Probezeit vereinbart. Wodurch unterscheidet sich die Probezeit in einem Ausbildungsvertrag von der in einem Arbeitsvertrag? (**Zwei** Antworten)

1. Anders als Arbeitnehmer müssen Azubis im Falle der Kündigung in der Probezeit immer den Grund angeben.
2. Für Ausbildungsverhältnisse beträgt die Mindest-Probezeit zwei, für Arbeitsverhältnisse vier Monate.
3. Die Höchstdauer der Probezeit beträgt bei Arbeitsverhältnissen sechs, bei einem Ausbildungsverhältnis vier Monate.
4. In einem Arbeitsverhältnis muss eine Probezeit vereinbart werden, in einem Ausbildungsverhältnis kann diese entfallen.
5. In Ausbildungsverträgen muss, in Arbeitsverträgen kann eine Probezeit vereinbart werden.

Aufgabe 7

Ein Ausbildungsvertrag ist ein befristeter Vertrag, der automatisch durch Zeitablauf endet. Wann ist die Kündigung eines solchen Ausbildungsvertrages dennoch möglich? (**Zwei** Antworten)

1. Bei einem Wechsel des Berufswunsches kann das bestehende Ausbildungsverhältnis auch nach der Probezeit durch den Auszubildenden noch wirksam gekündigt werden.
2. Nur in der Probezeit ist eine Kündigung möglich, nach der Probezeit kann das Ausbildungsverhältnis in keinem Fall mehr gekündigt werden.
3. Die Kündigung eines Ausbildungsverhältnisses ist jederzeit formfrei möglich.
4. Der Wunsch nach einem Studium rechtfertigt eine Kündigung auch noch nach der Probezeit.
5. Es ist von beiden Vertragsparteien nur eine außerordentliche Kündigung bei einem Ausbildungsverhältnis möglich.

Aufgabe 8

Die MaHaG KG bildet auch Jugendliche aus und muss dabei die Bestimmungen des Jugendarbeitsschutzgesetzes (JArbSchG) beachten.

Ordnen Sie zu: Bei welchem der unten genannten Sachverhalte

1. verhält sich die MaHaG KG gesetzestreu entsprechend den Bestimmungen des JArbSchG?
2. würde die MaHaG KG gegen das Jugendarbeitsschutzgesetz verstoßen?
3. finden sich die gesetzlichen Regelungen nicht im JArbSchG?

a) Von Montag bis Donnerstag arbeiten die Jugendlichen jeweils 8 ½ Stunden. Dafür beträgt die Arbeitszeit am Freitag nur 6 Stunden.

b) Im Berufsausbildungsvertrag wird wie in den Arbeitsverträgen generell auch für Jugendliche eine Probezeit von vier Monaten vereinbart.

c) Alle Auszubildenden einschließlich der Jugendlichen werden regelmäßig an sechs Tagen in der Woche beschäftigt.

Prüfungssimulation 2

Aufgabe 9

Der Betriebsrat hat abgestufte Rechte. In welchem Fall hat der Betriebsrat nur ein Informationsrecht?

1. Der Mitarbeiterin Claudia Funke soll gekündigt werden, weil sie Betriebs- und Geschäftsgeheimnisse verraten hat.
2. Der Betriebsrat möchte Auswahlrichtlinien erstellen für personelle Einzelmaßnahmen.
3. Die Geschäftsleitung der MaHaG KG möchte einen verbindlichen Betriebsurlaub für alle Beschäftigten in den Sommerferien festlegen.
4. Die MaHaG KG möchte auf allen Servern und Arbeitsplatzrechnern das bestehende Betriebssystem ersetzen durch das frei verfügbare Betriebssystem Linux.
5. Die MaHaG KG möchte Überwachungskameras im Lager installieren.

Aufgabe 10

Jan Riekers möchte ein Praktikum im Ausland zur Verbesserung seiner Sprachkenntnisse machen. Sie weisen ihn auf den Europass hin.

Welche Aussage dazu ist **falsch**?

1. Europass ist ein kostenpflichtiger Service der EU für Bewerbung und Jobsuche.
2. Europass Mobilitätsnachweis dokumentiert Ergebnisse von Lernaufenthalten im Ausland, wie z. B. Praktika während der Ausbildung oder des Studiums.
3. Europass hilft beim Erstellen von Bewerbungsunterlagen und der Karriereplanung.
4. Europass dient der Dokumentation von Kompetenzen und dem Vergleich von Qualifikationen.
5. Europass bietet hilfreiche Tools für alle, die sich bewerben oder weiterbilden wollen.

Situation zu den Aufgaben 11 – 14

Die MaHaG KG orientiert sich bei ihren wirtschaftlichen Aktivitäten am „ökonomischen Prinzip“. Sie ist bestrebt, vorhandene Ressourcen schonend einzusetzen und beachtet auch Informationen, die sie aus betriebswirtschaftlichen Kennzahlen gewinnt.

Aufgabe 11

In der Fertigung ihrer sogenannten „Weißen Ware“ konnte die Mannheimer Haushaltsgeräte KG nach umfangreichen Rationalisierungsmaßnahmen und einem verbesserten Maschineneinsatz eine höhere Produktivität erzielen. Die folgende Tabelle enthält die betriebswirtschaftlichen Daten des Vorjahres sowie die vorläufigen Zahlen des aktuellen Jahres:

	Menge	Mitarbeiterzahl	Nettoerlöse (€)	Selbstkosten (€)
Vorjahr	32.800	16	39.360.000	32.460.000
Aktuelles Jahr	36.550	17	43.860.000	35.420.000

Ermitteln Sie

a) den Produktivitätszuwachs in Prozent, bezogen auf den Mitarbeiter. (2 Nachkommastellen)

b) die Höhe der Gewinnsteigerung in Prozent. (2 Nachkommastellen)

Aufgabe 12

Svenja Siebert ist seit einem Jahr Kommanditistin der MaHaG KG. Ihre Kapitaleinlage betrug 72.000 €, ihre Gewinngutschrift 4.896 €.

Errechnen Sie die Eigenkapitalrentabilität in Prozent (eine Nachkommastelle).

Aufgabe 13

Die MaHaG KG hat verschiedene individuelle Firmenaufträge durchgeführt. Welcher Auftrag war am wirtschaftlichsten?

Auftrag	**1**	**2**	**3**	**4**
Aufwand in €	360.000	120.000	80.000	125.000
Ertrag in €	420.000	140.000	104.000	150.000

Aufgabe 14

Die Mannheimer Haushaltsgeräte KG hat im Rahmen einer Marktanalyse für ihre „Weiße Ware“ auf dem europäischen Markt das folgende Zahlenmaterial für das vergangene Geschäftsjahr zusammengetragen:

Potentielles Marktvolumen im Betrachtungsjahr	640,0 Mio. €
Bereits ausgeschöpftes Marktvolumen in Prozent des potentiellen Marktvolumens:	80 %
Jahresumsatz der Mannheimer Haushaltsgeräte KG im Betrachtungsjahr	47,04 Mio. €

Ermitteln Sie den Marktanteil der Mannheimer Haushaltsgeräte KG in Prozent am tatsächlichen Marktvolumen. (2 Nachkommastellen)

Aufgabe 15

Am 28.10.20XX kündigt Mina Stiller (38 Jahre, seit 11 Jahren im Unternehmen) fristgerecht zum nächstmöglichen Termin. Nennen Sie das Datum, an dem Frau Stiller frühestens eine neue Stelle antreten kann.

§ 622 BGB Kündigungsfristen bei Arbeitsverhältnissen

(1) Das Arbeitsverhältnis eines Arbeiters oder eines Angestellten (Arbeitnehmers) kann mit einer Frist von vier Wochen zum Fünfzehnten oder zum Ende eines Kalendermonats gekündigt werden.

(2) Für eine Kündigung durch den Arbeitgeber beträgt die Kündigungsfrist, wenn das Arbeitsverhältnis in dem Betrieb oder Unternehmen …

1. … zwei Jahre bestanden hat, einen Monat zum Ende eines Kalendermonats,
2. …fünf Jahre bestanden hat, zwei Monate zum Ende eines Kalendermonats,
3. …acht Jahre bestanden hat, drei Monate zum Ende eines Kalendermonats,
4. …zehn Jahre bestanden hat, vier Monate zum Ende eines Kalendermonats,
5. …zwölf Jahre bestanden hat, fünf Monate zum Ende eines Kalendermonats,
6. …15 Jahre bestanden hat, sechs Monate zum Ende eines Kalendermonats,
7. …20 Jahre bestanden hat, sieben Monate zum Ende eines Kalendermonats.

Aufgabe 16

In der MaHaG KG stehen Betriebsratswahl an. Das Unternehmen hat 134 Beschäftigte (volljährig) und 16 Azubis (12 davon volljährig). Darüber hinaus sind 3 Zeitarbeitnehmer seit 4 Monaten im Betrieb damit beschäftigt, für die IT-Sicherheit zu sorgen.

Wieviel Betriebsratsmitglieder können gewählt werden?

§ 9 Betriebsverfassungsgesetz – Zahl der Betriebsratsmitglieder
Der Betriebsrat besteht in Betrieben mit in der Regel
5 bis 20 wahlberechtigten Arbeitnehmern aus einer Person
21 bis 50 wahlberechtigten Arbeitnehmern aus 3 Mitgliedern,
51 wahlberechtigten Arbeitnehmern bis 100 Arbeitnehmern aus 5 Mitgliedern,
101 bis 200 Arbeitnehmern aus 7 Mitgliedern,
201 bis 400 Arbeitnehmern aus 9 Mitgliedern,
401 bis 700 Arbeitnehmern aus 11 Mitgliedern [...]

Aufgabe 17

Zur Produktion ihrer Haushaltsgeräte benötigt die Mannheimer Haushaltsgeräte KG Ressourcen und kombiniert Produktionsfaktoren miteinander. Bei welchen **zwei** der unten angegebenen Beispiele handelt es sich um betriebswirtschaftliche Produktionsfaktoren?

1. Edelstahl für die Innenausstattung der Dampfgarer
2. Darlehen der Sparkasse Mannheim
3. Arbeitsleistung eines Metallmeisters in der Fertigung
4. Privatgrundstück von Lea Hollermann
5. Eigenkapital von Lea Hollermann

Situation zu den Aufgaben 18 – 19

Als Unternehmen mit „Ökologischem Gewissen" – so auch die Werbebotschaft der Mannheimer Haushaltsgeräte KG – achtet das Unternehmen auf umweltgerechtes und Energie sparendes Verhalten.

Aufgabe 18

Abfallvermeidung bedeutet neben der Entlastung der Umwelt auch Kosteneinsparungen bei der Mannheimer Haushaltsgeräte KG, also eine Zielharmonie zwischen Ökonomie und Ökologie. Welche Maßnahme gehört zur Abfallvermeidung?

1. Für die Betriebskantine verwendet die Mannheimer Haushaltsgeräte KG Pfandflaschen.
2. Toner-Kassetten und Plastikmaterialien werden dem „Grünen Punkt" zugeführt.
3. Beim Zuschneiden von Edelstahlblechen wird der Verschnitt dem Wirtschaftskreislauf wieder zugeführt.
4. Alle Heizkörper der Mannheimer Haushaltsgeräte KG werden mit Thermostatventilen ausgestattet.
5. Gebrauchte Ordner werden mit einem neuen Ordnerrücken versehen und wiederverwendet.

Aufgabe 19

Als Mitglied im Projektteam „Umweltaspekte im betrieblichen Leistungsprozess" ist es Ihre Aufgabe, ökologisch relevante Prozesse zu erkennen und Handlungsalternativen vorzuschlagen, wie man vorhandene Umweltbelastungen minimieren oder vermeiden kann. Bei der Durchführung Ihrer Aufgabe stellen Sie fest, dass die MaHaG KG eine Reihe von Umweltschutzmaßnahmen bereits durchführt. Ordnen Sie die folgenden Ziffern den unten aufgeführten Beispielen für Umweltschutzmaßnahmen zu:

Ziffer 1 für: Recycling
Ziffer 2 für: Abfallverminderung
Ziffer 3 für: Abfallbeseitigung
Ziffer 4 für: Abfallvermeidung

Beispiele für bereits praktizierte Umweltschutzmaßnahmen:

a) Verpackungsmaterialien werden an ein kooperierendes Unternehmen der Papierindustrie weitergegeben, was diese dann zu umweltfreundlichem Dämmmaterial verarbeitet.

b) Für die Auslieferung kleinerer Mengen werden statt aufwendiger Verpackung Behälter verwendet, die bei der nächsten Lieferung wieder zurückgenommen werden.

c) Nach Lieferung der Küchengeräte werden nicht mehr benötigte Kartons sowie Styropor in der hauseigenen Heizungsanlage wärmetechnisch genutzt.

d) Verpackungen werden nicht mehr komplett in Folie eingeschweißt, sondern nur noch mit zwei schmalen Folienstreifen zur Stabilisierung während des Transports versehen.

Situation zu den Aufgaben 20 – 26

Immer wieder fragen Kunden nach einer weiteren Entwicklung vernetzter Haushaltsgeräte. Bundesweit gibt es neben der MaHaG KG nur noch drei weitere Hersteller dieser zukunftsweisenden Technologie.

Aufgabe 20

Welche Marktform liegt hier vor?

1. Nachfragemonopol
2. Nachfrageoligopol
3. Angebotsmonopol
4. Angebotsoligopol
5. Zweiseitiges Duopol
6. Polypol

Aufgabe 21

Die Mannheimer Haushaltsgeräte KG steht bei ihrem Angebot an kleinen Haushaltsgeräten und Zubehör mit einer Vielzahl von Mitbewerbern mit kleinen Angebotsmengen am Markt in einem Wettbewerbsprozess. Auf der Nachfrageseite gibt es eine Vielzahl von Haushalten und Unternehmen mit ihren Werkskantinen.

Was passiert in dieser Marktsituation, wenn sich die Preise ändern?

1. Das Angebot sinkt bei steigenden Preisen.
2. Die Nachfrage steigt bei sinkenden Preisen.
3. Angebot und Nachfrage steigen gleichermaßen bei sinkenden Preisen
4. Das Angebot steigt bei sinkenden Preisen.
5. Die Nachfrage sinkt bei sinkenden Preisen.

Aufgabe 22

Für einen netzwerkfähigen Kaffee-Vollautomaten der neuentwickelten Produktserie „mahag-smart@home“, der es ermöglicht, den Kaffee-Vollautomaten per Handy in Betrieb zu nehmen, wurden im Rahmen einer Marktforschung folgende Daten ermittelt:

Kundengruppe	Nachfragemenge (Stück)	Verkaufspreis €/ Stück
A	270	1.995,00
B	210	2.120,00
C	180	2.190,00
D	120	2.220,00
E	60	2.290,00

Die Verkaufsabteilung der MaHaG KG beschließt, den netzwerkfähigen Kaffee-Vollautomaten zu einem mittleren Preis (Median) von 2.190,00 Euro anzubieten.

Berechnen Sie

a) die Gesamtnachfrage (Stückzahl) an netzwerkfähigen Kaffee-Vollautomaten, die die Mannheimer Haushaltsgeräte KG zu dem Preis von 2.190,00 Euro absetzen kann.

b) den Umsatz in Euro, den die Mannheimer Haushaltsgeräte KG bei diesem Absatz erzielen würde.

Aufgabe 23

Die Wirtschaftsordnung der Bundesrepublik Deutschland bezeichnet man als „Soziale Marktwirtschaft“. Besonderes Merkmal dieser Wirtschaftsordnung ist ein funktionierender Markt. Welche Eigenschaften und Entwicklungen zeichnen diesen Markt aus?

1. In Zeiten der Globalisierung gibt es solche klassischen funktionierenden Märkte nicht mehr.
2. E-Commerce ist schon lange ein Ersatz für den Markt im herkömmlichen Sinne.
3. Einen wirklich funktionierenden Markt gibt es nur an der Börse.
4. Auch in Zeiten der Digitalisierung und des Online-Handels ist und bleibt der Markt als Zusammentreffen von Angebot und Nachfrage immer noch die zentrale Instanz für die Güterproduktion und -verteilung.

Aufgabe 24

Ohne staatliche oder anderweitige Eingriffe in das Marktgeschehen bildet sich am Markt zwischen Angebot und Nachfrage der sog. „Gleichgewichtspreis“. Welche Funktion erfüllt dieser?

1. Güter und Dienstleistungen werden dadurch auf leistungsstarke Nachfrager verteilt.
2. Der Gleichgewichtspreis sorgt dafür, dass Angebot und Nachfrage ausgeglichen sind.
3. Er lenkt das Angebot hin zu den Marktteilnehmern, die bereit sind, auch mehr als den Gleichgewichtspreis zu bezahlen.
4. Er warnt vor einem zu hohen Angebotspreis.

Aufgabe 25

Prüfen Sie, welche Aussage über den einfachen Wirtschaftskreislauf richtig ist.

1. Die Einkommen in Form von Löhnen und Gehältern fließen von den privaten Haushalten in die Unternehmen.
2. Die Einkommen in Form von Löhnen und Gehältern sind Teil des Geldstromes, der von den Unternehmen zu den Haushalten fließt.
3. Die Konsumgüterausgaben für Güter fließen von den Unternehmen in die privaten Haushalte.
4. Produktionsgüter sind Teil des Güterstroms von den privaten Haushalten in die Richtung der Unternehmen.

Prüfungssimulation 2

Aufgabe 26

Die MaHaG KG steht in Geschäftsbeziehung zu einer Reihe von Unternehmen. Hierzu zählt der Mannheimer Stahlhersteller STAEKI AG, das Forstwirtschaftsunternehmen Baumschule Woodstock OHG und die Spedition Translog GmbH. Ordnen Sie die genannten Unternehmen den drei volkswirtschaftlichen Sektoren zu.

1. Primärsektor
2. Sekundärsektor
3. Tertiärsektor

Zu prüfende Unternehmen:

a) STAEKI AG

b) Baumschule Woodstock OHG

c) Spedition Translog GmbH

Situation zu den Aufgaben 27 – 29

Die MaHaG KG ist in den letzten Jahren stark gewachsen. Die Geschäftsleitung denkt über eine Reorganisation des Unternehmens nach. Als Mitarbeiter/-in der Stabstelle „Betriebswirtschaftliche Analyse und Planung“ sollen Sie die Aufbauorganisation Ihres Unternehmens überprüfen.

Sie schauen sich auch die Organisationsstrukturen kooperierender Unternehmen an.

Aufgabe 27

Das unten abgebildete Schema zeigt das Leitungssystem der STAEKI AG. Mit welchem Leitungssystem arbeitet dieses Unternehmen?

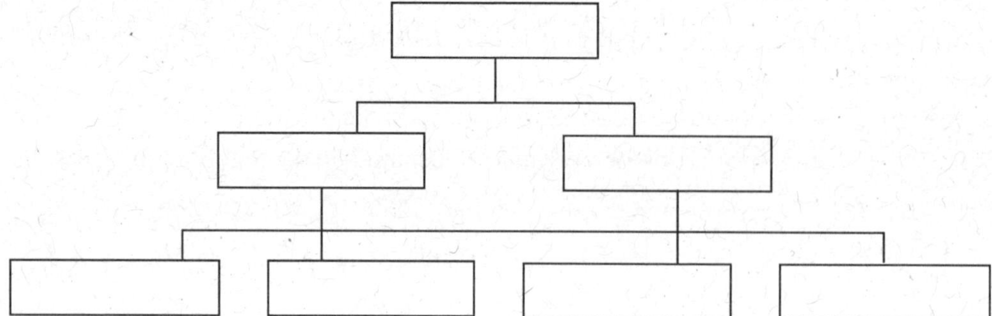

1. Mehrliniensystem
2. Stabliniensystem
3. Matrixsystem
4. Einliniensystem
5. Spartenorganisation

Aufgabe 28

Welche Nachteile hat das Leitungssystem der STAEKI AG?

1. Es ist eine eindeutige Kompetenz und Aufgabenzuordnung festgelegt.
2. Jede Stelle weist exakt nur eine übergeordnete und eine untergeordnete Stelle auf.
3. Ein Mitarbeiter kann von mehreren übergeordneten Stellen Anweisungen erhalten, was zu Kompetenzschwierigkeiten führen kann.
4. Jeder Mitarbeiter kann Weisungen nur von einer Stelle bekommen.
5. Informationen werden schnell weitergeleitet.

Aufgabe 29

Sie prüfen verschiedene Organisationsmodelle. Um welches System handelt es sich bei der folgenden Abbildung?

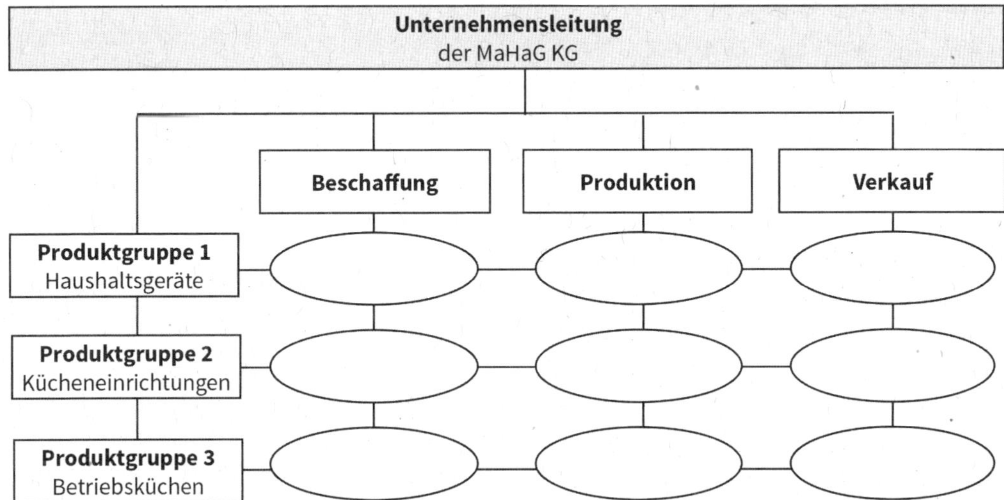

1. Liniensystem
2. Stab-Linien-System
3. Mehrliniensystem
4. Matrixorganisation
5. Spartenorganisation

Aufgabe 30

Clara Bürscheid (21 Jahre), Mitarbeiterin im Einkauf, möchte sich bei den anstehenden Wahlen der Jugend- und Auszubildendenvertretung als Kandidatin aufstellen lassen.

Welche Voraussetzung hierzu muss sie erfüllen?

1. Sie muss mindestens im 2. Ausbildungsjahr sein.
2. Sie muss die deutsche Staatsangehörigkeit aufweisen.
3. Sie muss bereits Erfahrung als Mitglied des Betriebsrates gesammelt haben.
4. Sie darf nicht Mitglied des Betriebsrates sein.
5. Sie muss mindestens 3 Monate dem Betrieb angehören.

1. Aufgabe	30 Tage
2. Aufgabe	3
3. Aufgabe	2
4. Aufgabe	2
5. Aufgabe	1
6. Aufgabe	3; 5
7. Aufgabe	1; 4
8. Aufgabe	a) 1; b) 3; c) 2
9. Aufgabe	4
10. Aufgabe	1
11. Aufgabe	a) 4,88 %; b) 22,32 %
12. Aufgabe	6,8 %
13. Aufgabe	3
14. Aufgabe	9,19 %
15. Aufgabe	01.12.20xx
16. Aufgabe	7
17. Aufgabe	1; 3
18. Aufgabe	5
19. Aufgabe	a) 1; b) 4; c) 3; d) 2
20. Aufgabe	4
21. Aufgabe	2
22. Aufgabe	a) 360; b) 788.400
23. Aufgabe	4
24. Aufgabe	2
25. Aufgabe	2
26. Aufgabe	a) 2; b) 1; c) 3
27. Aufgabe	1
28. Aufgabe	3
29. Aufgabe	4
30. Aufgabe	4

Bewertung: insgesamt 100 Punkte

Je Aufgabe: 3,33333 Punkte, bei Aufgaben mit Mehrfachlösung entsprechend Teilpunkte

Notizen

Situation zu den Aufgaben 1 – 5

Die Mannheimer Haushaltsgeräte KG (MaHaG KG) betrachtet sich als innovatives Unternehmen mit „Ökologischem Bewusstsein“ und achtet dabei auf umweltgerechtes und Energie sparendes Verhalten.

Aufgabe 1

Die MaHaG KG versucht immer wieder den Spagat zwischen ökonomischen und ökologischen Zielen. Geben Sie für die unten stehenden Beispiele die jeweils zutreffende Kennziffer ein.

1. Für eine überwiegend oder ausschließliche ökonomische Zielsetzung.
2. Für eine überwiegend oder ausschließliche ökologische Zielsetzung.
3. Bei einer Zielharmonie zwischen den beiden Zielen.

Beispiele

a) Kostenlose Abgabe von Bahntickets an die Mitarbeiter.

b) Erschließung neuer Märkte und kontinuierliche Ausweitung der Produktion – auch mit dem Ziel, Arbeitsplätze zu sichern.

c) Einbau von LED-Lampen anstelle herkömmlicher Lampen im gesamten Firmengebäude.

Aufgabe 2

Die Geschäftsleitung der MaHaG KG hat als weiteres Unternehmensziel die Beachtung ökologischer Gesichtspunkte bei der Produktion festgelegt. In welchen **beiden** Fällen wird dieses neue Unternehmensziel vernachlässigt?

1. Beim Kauf neuer Maschinen wird besonders die Energieeffizienz berücksichtigt.
2. Zurückgewonnene Prozesswärme wird im Produktionsprozess eingesetzt.
3. In der Produktion benötigtes Wasser wird gekühlt, gefiltert und als Brauchwasser wieder im Produktionsprozess eingesetzt.
4. Kartonverpackungen werden durch kostengünstige, aber äußerst werbewirksame Kunststofffolien ersetzt.
5. Anschaffung PS-starker leistungsfähiger SUV, die die Mitarbeiter auch privat nutzen dürfen.

Aufgabe 3

Die Mannheimer Haushaltsgeräte KG möchte einen zusätzlichen Beitrag zum Umweltschutz leisten, den sie wirksam einem breiten Publikum präsentieren wird. Prüfen Sie, wie sie das erreichen kann.

1. In der Werkskantine stellt sie von Mehrwegflaschen auf Tetra-Pak-Behälter um.
2. Für ihre Küchenserie im Landhaus-Stil verwendet sie tropische Edelhölzer und leistet damit einen Beitrag zur nachhaltigen Wirtschaftsförderung in Schwellenländern.
3. Einen Teil Ihres Fuhrparks stattet sie mit Hybridfahrzeugen aus.
4. Für die Versiegelung ihrer Granit-Küchen-Arbeitsplatten verwendet sie Lacke auf Wasserbasis.

Aufgabe 4

Nachhaltiges Wirtschaften zeichnet sich insbesondere dadurch aus, dass Ressourcen wiederverwendet werden. Bei welcher Maßnahme handelt die Mannheimer Haushaltsgeräte KG nachhaltig?

1. Sie ersetzt in der Werkskantine Getränkedosen durch Flaschen.
2. Sie nimmt Transportpaletten nach erfolgter Lieferung zurück und verwendet diese für weitere Lieferungen.
3. Überall im Unternehmen gibt es Behälter für Batterien, die an Sammelstellen zurückgegeben werden.
4. Bei der Produktion entstehende Metallreste werden eingeschmolzen und zur Herstellung neuer Bleche verwendet.

Aufgabe 5

Aus gelieferten Edelstahlblechen fertigt die Mannheimer Haushaltsgeräte KG Edelstahlgehäuse für Waschmaschinen und Trockner. Beim Zuschneiden der Bleche fallen Reste an, die nicht unmittelbar verwendet werden können. Das Unternehmen liefert daher diese Reste an ein Edelstahlwerk, das diese einschmilzt und daraus neue Edelstahlbleche gewinnt. Welche Bezeichnung gibt es für diese Form der Rohstoffeinsparung?

1. Energetische Abfallverwertung
2. Recycling
3. Rohstoffnutzung im Dualen System
4. Energieeffizienz
5. Abfallverminderung

Situation zu den Aufgaben 6 – 13

Als Mitarbeiter/-in der Personalabteilung verfügen Sie über gute Kenntnisse des Arbeits-, Tarif- und Betriebsverfassungsrechts. Diese Kenntnisse benötigen Sie bei Ihrer täglichen Arbeit.

Aufgabe 6

Der für die MaHaG KG verbindliche Tarifvertrag läuft aus. Es stehen Tarifverhandlungen an. Bringen Sie die Schritte der Tarifverhandlungen in die richtige chronologische Reihenfolge.

a) 75 % der Gewerkschaftsmitglieder stimmen für einen Streik.

b) Die Gewerkschaftsmitglieder stimmen in einer weiteren Abstimmung über den Einigungsvorschlag ab.

c) Fristgemäße Kündigung/Auslaufen des Tarifvertrages.

d) Arbeitgeber sperren Arbeitnehmer nach Streikbeginn aus.

e) Aufnahme der Verhandlungen durch die Tarifpartner.

f) Die zuständige Gewerkschaft organisiert eine Urabstimmung über Streikmaßnahmen.

g) Neue Tarifverhandlungen führen zu einer Einigung.

h) Die Tarifverhandlungen werden als gescheitert erklärt.

Aufgabe 7

Die Tarifvertragsparteien – Arbeitgeberverbände und Gewerkschaften – können die Arbeits- und Wirtschaftsbedingungen ohne staatliche Einmischung frei gestalten.

Wie nennt man dieses im Grundgesetz verankerte Prinzip der sozialen Marktwirtschaft?

1. Betriebsverfassung
2. Tarifautonomie
3. Koalitionsfreiheit
4. Tariffreiheit
5. Unternehmensmitbestimmung

Aufgabe 8

Tarifverträge beeinflussen und gestalten auch das einzelne Arbeitsverhältnis. Für wen gelten die Bestimmungen des Tarifvertrags in der tarifgebundenen MaHaG KG unmittelbar und zwingend?

1. Für alle Arbeitnehmer der MaHaG KG
2. Nur für die Auszubildenden des Betriebs
3. Für Betriebsrat und Jugend- und Auszubildendenvertretung während ihrer Amtszeit
4. Für die beiderseits Tarifgebundenen
5. Für Arbeiter und Angestellte, nicht aber für die Azubis

Aufgabe 9

Zur Lösung von innerbetrieblichen Konflikten gibt es u. a. die Einigungsstelle. In welchem Fall entscheidet diese?

1. Bei Meinungsverschiedenheiten zwischen Arbeitgeber und Betriebsrat über soziale Angelegenheiten.
2. Bei Meinungsverschiedenheiten zwischen Arbeitgeber und den im Betrieb vertretenen Gewerkschaften.
3. Bei Konflikten zwischen Arbeitgeber und Arbeitnehmern.
4. Bei Konflikten zwischen Betriebsrat und Jugend- und Auszubildendenvertretung.
5. Nur in Fragen personen-, verhaltens- oder betriebsbedingter Kündigungen.

Aufgabe 10

Neben dem Betriebsrat gibt es in der MaHaG KG auch eine Jugend- und Auszubildendenvertretung (JAV). Welche **beiden** Aussagen zur JAV sind richtig?

1. Die regelmäßige Amtszeit der Jugend- und Auszubildendenvertretung beträgt wie die des Betriebsrates 4 Jahre.
2. Eine gleichzeitige Mitgliedschaft im Betriebsrat und in der Jugend- und Auszubildendenvertretung ist nicht möglich.
3. Die JAV wird gegenüber der Geschäftsleitung selbstständig tätig.
4. Nur wenn ein Betriebsrat vorhanden ist, kann eine JAV gewählt werden.

Aufgabe 11

In der MaHaG KG stehen Betriebsratswahlen an. Welche **beiden** Aussagen zur Wahl eines Betriebsrates sind richtig?

1. In Betrieben mit mindestens 5 Arbeitnehmern können Betriebsräte gewählt werden.
2. Wählbar zum Betriebsrat sind alle Wahlberechtigten, sofern sie das 21. Lebensjahr vollendet haben.
3. Die regelmäßige Amtszeit des Betriebsrates beträgt 4 Jahre.
4. Wegen des Allgemeinen Gleichbehandlungsgesetzes müssen Betriebsräte paritätisch mit Arbeitnehmern und Arbeitnehmerinnen besetzt werden.

Aufgabe 12

Lisa Selge wird nach erfolgreicher digitaler Bewerbung zu einem Vorstellungsgespräch in der MaHaG KG eingeladen. Welche **beiden** Fragen dürfen ihr **nicht** gestellt werden?

1. „Was möchten Sie verdienen?“
2. „Welche fachlichen Fähigkeiten und Kenntnisse konnten Sie bisher sammeln?“
3. „Sind Sie Mitglied einer politischen Partei?“
4. „Wie sieht Ihre Familienplanung in näherer Zukunft aus?“
5. „Bestehen vertraglich festgelegte Wettbewerbsverbote mit Ihrem früheren Arbeitgeber?“

Aufgabe 13

Nach drei Monaten Probezeit soll einer Auszubildenden gekündigt werden, deren Zuverlässigkeit und Engagement nicht zufriedenstellend sind.

Nach Betriebsverfassungsgesetz hat der Betriebsrat der MaHaG KG unterschiedlich abgestufte Rechte. Die Geschäftsleitung fragt, welches Recht der Betriebsrat im vorliegenden Fall hat.

1. Unterrichtungsrecht
2. Anhörungsrecht
3. Mitbestimmungsrecht
4. Informationsrecht

Prüfungssimulation 3

Situation zu den Aufgaben 14 - 20

Als Mitarbeiter/-in der Stabstelle „Planung und Betriebswirtschaftliche Analysen“ haben Sie als Sonderaufgabe die Prüfung unterschiedlicher Rechtsformen für eine Tochtergesellschaft der Mannheimer Haushaltsgeräte KG erhalten. Speziell für den Vertrieb ihrer Steuerungsgeräte für die vernetzte Haustechnik beabsichtigt die MaHaG KG, das neue Handelsunternehmen zu gründen.

Aufgabe 14

Sie setzen sich zunächst mit dem Begriff „Firma“ auseinander. Was versteht das Handelsgesetzbuch unter dem Begriff „Firma“? Beachten Sie den Auszug aus dem HGB:

§ 17

(1) Die Firma eines Kaufmanns ist der Name, unter dem er seine Geschäfte betreibt und die Unterschrift abgibt.

(2) Ein Kaufmann kann unter seiner Firma klagen und verklagt werden.

§18

(1) Die Firma muß zur Kennzeichnung des Kaufmanns geeignet sein und Unterscheidungskraft besitzen.

(2) Die Firma darf keine Angaben enthalten, die geeignet sind, über geschäftliche Verhältnisse, die für die angesprochenen Verkehrskreise wesentlich sind, irrezuführen.

1. Eine Firma ist jeder eingerichtete kaufmännische Betrieb.
2. Nur ein Grundhandelsgewerbe nach § 1 HGB darf sich als Firma im Geschäftsverkehr bezeichnen.
3. Es handelt sich um den Geschäftsnamen eines Kaufmanns, unter dem er sein Handelsgewerbe betreibt.
4. Bei einer Firma handelt es sich um einen Betrieb, der Gewinne erzielt und eine kaufmännische Organisation aufweist.

Aufgabe 15

Für die Firmierung des künftigen Unternehmens müssen handelsrechtliche Vorschriften beachtet werden. Was gilt für den Grundsatz der „Firmenausschließlichkeit“?

1. Die Firma darf ausschließlich nur an einem Ort ihre Handelsgeschäfte tätigen.
2. Die Firma muss sich eindeutig von anderen Firmen am gleichen Ort unterscheiden.
3. Der Firmenname darf nicht geändert werden.
4. Der Firmenname muss ausschließlich aus den Namen der Gesellschafter bestehen.
5. Die Firma darf in keinem Fall veräußert werden.

Aufgabe 16

Für das geplante neue Unternehmen erstellen Sie ein Organigramm. Wozu dient ein solches Organigramm?

1. Das Organigramm macht die Besitz- und Eigentumsverhältnisse des neuen Unternehmens deutlich.
2. Ein Organigramm visualisiert die Geschäftsprozesse im Unternehmen.
3. Ein Organigramm zeigt die Interaktionen zwischen den Mitarbeitern in grafischer Form.
4. Ein Organigramm visualisiert die internen und externen Kommunikationsbeziehungen des neuen Unternehmens.
5. Das Leitungssystem des zu gründenden Unternehmens wird grafisch dargestellt.

Aufgabe 17

Zu den Kunden der MaHaG KG zählt auch die Küchenwelt Future KG. Was zeichnet diese Gesellschaftsform aus? (**Zwei** Antworten)

1. Alle Gesellschafter haben gleiche Rechte und gleiche Pflichten.
2. Es gibt zwei Gesellschaftertypen.
3. Teilhafter (Kommanditisten) haften nur mit ihrer Kapitaleinlage.
4. Vollhafter (Komplementäre) haften nur mit ihrem Geschäftskapital.
5. Kommanditisten sind zur Geschäftsführung und Vertretung berechtigt und verpflichtet.

Aufgabe 18

Sie erarbeiten Vorschläge, welches Leitungssystem das künftige Unternehmen haben soll. In Ihren betriebswirtschaftlichen Unterlagen finden Sie die folgende Skizze eines Leitungssystems:

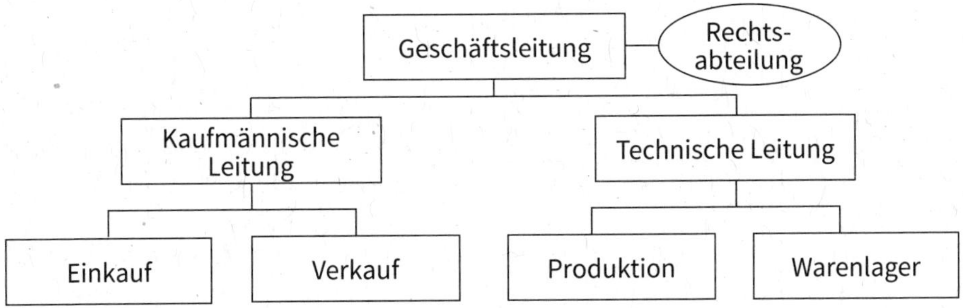

Um welches Leitungssystem handelt es sich dabei?

1. Matrixorganisation
2. Spartenorganisation
3. Stabliniensystem
4. Einliniensystem
5. Mehrliniensystem

Aufgabe 19

Wodurch zeichnet sich das in der vorhergehenden Aufgabe ermittelte Leitungssystem aus? (**Zwei** Antworten)

1. Kommunikationswege und Entscheidungsbefugnisse sind mehrdeutig.
2. Die Hierarchieregelungen führen zu kurzen und schnellen Entscheidungen.
3. Kommunikationswege und Aufgabenverteilung sind klar und eindeutig gegliedert.
4. Die Geschäftsleitung wird durch die Rechtsabteilung als Stabsstelle beratend unterstützt.

Aufgabe 20

Für das geplante Unternehmen müssen die Geschäftsprozesse modelliert werden. Welche **zwei** Aussagen zur organisatorischen Gestaltung der Hierarchien und betrieblichen Abläufe sind richtig?

1. Eine geeignete grafische Darstellung der Organisationsstrukturen und Hierarchien bildet der Netzplan.
2. Aufbauorganisation und Leitungssystem lassen sich mit einem Organigramm darstellen.
3. Eine ereignisorientierte Prozesskette visualisiert betriebliche Abläufe.
4. Mit einem Gantt-Diagramm lässt sich das Leitungssystem des geplanten Unternehmens anschaulich darstellen.

Situation zu den Aufgaben 21 – 23

Die geschäftsführende Gesellschafterin Lea Hollermann kann nicht alle Entscheidungen alleine treffen. Sie bedient sich dazu vertrauenswürdiger Personen, die sie mit entsprechenden Vollmachten ausstattet. Auf diese Weise potenziert sie ihre Arbeitskraft.

Aufgabe 21

Bei der Jahresplanung 2026 wurde festgelegt, dass das Sortiment an Kochtöpfen weiterhin nur von dem langjährigen Vertragspartner Bösle bezogen werden soll. Die Prokuristin Gerda Kalinov hat beim Besuch des Messestandes der BMF (Badische Metallwarenfabrik AG) auf der Haushaltswarenmesse im vergangenen Jahr in Köln ein besonderes Angebot für Topfserien erhalten. Weil diese Töpfe nun auch induktionsgeeignet sind, bestellt sie eine größere Menge davon und vereinbart für das kommende Jahr jeweils einen monatlichen Abruf.

Ist die MaHaG KG an die Willenserklärung der Prokuristin zur langfristigen Abnahme der Kochtopfserie gebunden?

1. Nein, weil Gerda Kalinov entgegen den internen Anweisungen handelt.
2. Ja, weil sie als Prokuristin berechtigt war.
3. Ja, weil die Prokura im Außenverhältnis nicht beschränkbar ist.
4. Nein, weil ihre Prokura nicht ausreicht, einen solchen Geschäftsabschluss rechtswirksam zu tätigen.
5. Nein, weil längerfristige Strategieentscheidungen immer nur von den Gesellschaftern festgelegt werden können.

Aufgabe 22

Waltraud Miller, Prokuristin der MaHaG KG, hat dem neuen Personalchef, Gerhard Lindner, mündlich allgemeine Handlungsvollmacht erteilt. Prüfen Sie, welches Rechtsgeschäft Herr Lindner wirksam abschließen darf.

1. Vertretung der MaHaG KG in gerichtlichen Prozessen
2. Erhöhung der Liquidität des Unternehmens durch Darlehensaufnahme
3. Einstellung und Entlassung von Mitarbeitern
4. Erteilung der Prokura an vertrauenswürdige Mitarbeiter
5. Allgemeine Handlungsvollmacht erteilen
6. Bilanz und Steuererklärung unterschreiben

Aufgabe 23

Die geschäftsführende Gesellschafterin Lea Hollermann ist mit der Erteilung der allgemeinen Handlungsvollmacht an den neuen Personalchef nicht einverstanden. Entscheiden Sie, ob diese rechtswirksam zustande gekommen ist.

1. Es muss sich um eine Vertrauensperson der Gesellschafterin handeln, was hier offensichtlich nicht vorliegt. Die Handlungsvollmacht ist daher ungültig.
2. Handlungsvollmachten können nur vom Kaufmann selber erteilt werden. Dies ist hier nicht geschehen, so dass die Vollmacht aus diesem Grunde nicht rechtswirksam ist.
3. Die Erteilung der Handlungsvollmacht erfolgte mündlich; sie muss zu ihrer Wirksamkeit in das Handelsregister eingetragen werden. Wegen Formmangels ist daher die erteilte Handlungsvollmacht unwirksam.
4. Waltraud Miller hat Einzelprokura. Diese deckt die Erteilung einer nachrangigen Vollmacht ab. Die dem Personalchef erteilt Handlungsvollmacht ist daher wirksam.

Situation zu den Aufgaben 24 – 27

Die MaHaG KG beachtet bei ihren Aktivitäten nicht nur die unmittelbaren Mitbewerber, sondern berücksichtigt auch die wirtschaftliche Entwicklung.

Aufgabe 24

Die Mannheimer Haushaltsgeräte KG ist Teil des gesamtwirtschaftlichen Systems. Das folgende Modell skizziert einen einfachen Wirtschaftskreislauf mit der MaHaG KG stellvertretend für die Unternehmen und die Beziehungen zwischen diesen drei Sektoren.

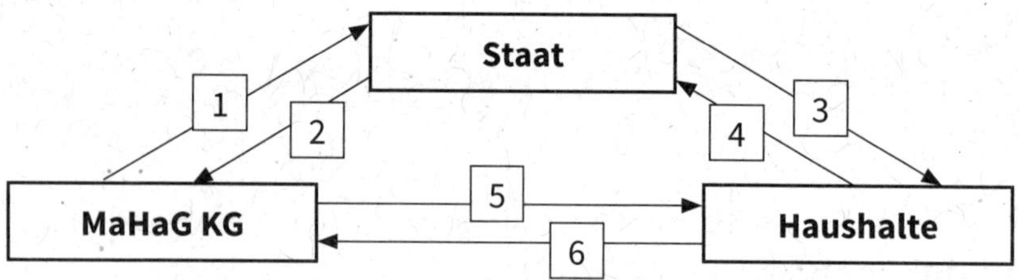

Tragen Sie die jeweils zutreffende Ziffer zu den Aktivitäten der Mannheimer Haushaltsgeräte KG ein. Tragen Sie eine Null ein für den Fall, dass sich der betreffende Vorgang nicht durch die dargestellten Geld- und Güterströme abbilden lässt.

a) Die Mannheimer Haushaltsgeräte KG zahlt Löhne und Gehälter an ihre Mitarbeiter.

b) Die Mannheimer Haushaltsgeräte KG überweist die Lohnsteuer an das zuständige Betriebsstätten-Finanzamt.

c) Die Mannheimer Haushaltsgeräte KG stellt eine neue Mitarbeiterin ein und nutzt deren Arbeitskraft.

Aufgabe 25

Zur Produktionsplanung nutzt die MaHaG KG Indikatoren, die den Stand oder die Entwicklung wirtschaftlicher Sachverhalte aufzeigen.

Welchen Frühindikator nutzt das Unternehmen , damit es sich rechtzeitig auf die sich ändernden Marktbedingungen einstellen kann?

1. Entwicklung der Lohnquote
2. Entwicklung des Bruttoinlandsprodukts
3. Zahl der Auftragseingänge
4. Gewinnerwartungen der Unternehmen
5. Entwicklung der Verbraucherpreise
6. Höhe des Exportüberschusses

Aufgabe 26

Wirtschaftliches Handeln vollzieht sich in den Wirtschaftssektoren. Ordnen Sie die drei Wirtschaftssektoren den unten angegebenen wirtschaftlichen Aktivitäten zu.

1. Primärer Sektor
2. Sekundärer Sektor
3. Tertiärer Sektor

a) Die Mannheimer Haushaltsgeräte KG begleicht die Eingangsrechnung der Stahlwerke Krefeld AG.

b) Die Mannheimer Haushaltsgeräte KG produziert in ihrem Stammwerk in Mannheim Dampfgarer und Geschirrspüler.

c) Es wird Eisenerz abgebaut zur Roheisen- und Stahlerzeugung.

Aufgabe 27

Welche Merkmale kennzeichnen einen wirtschaftlichen Abschwung?

1. Die Nachfrage auf dem Arbeitsmarkt nimmt zu.
2. Die Kapazitätsauslastung nähert sich ihrem Höhepunkt.
3. Die Nachfrage nach Krediten nimmt zu, weil die Unternehmen verstärkt investieren.
4. Ein wirtschaftlicher Abschwung führt über eine geringer werdende Nachfrage zum Abbau von Überstunden und von Arbeitsplätzen.

Aufgabe 28

Bei einer jährlich stattfindenden Unterrichtung der Mitarbeiterinnen und Mitarbeiter über Sicherheitsmaßnahmen werden auch Sofortmaßnahmen im Brandfall thematisiert.

Welche **beiden** Maßnahmen müssen bei einem Brand sofort erfolgen?

1. Alle gefährdeten Personen evakuieren
2. Notruf absetzen
3. Unmittelbare Vorgesetzte informieren
4. Fenster weit öffnen für den Rauchabzug
5. Schnelle Entfernung vom Brandherd unter Nutzung der Aufzüge

Aufgabe 29

Im Rahmen ihrer Arbeitnehmer-Fürsorgepflicht hat die MaHaG KG den Arbeits- und Unfallschutz ihrer Mitarbeiter zu beachten. Eine gesetzliche Regelung sieht hierbei die Einrichtung einer Fachkraft für Arbeitssicherheit vor. Nach welchem Gesetz ist die MaHaG KG hierzu verpflichtet?

1. Arbeitszeitgesetz
2. Betriebsverfassungsgesetz
3. Arbeitnehmer-Schutzgesetz
4. Gewerbeordnung
5. Arbeitssicherheitsgesetz
6. Bildschirmarbeitsverordnung

Aufgabe 30

Wann müssen Arbeitnehmer der MaHaG KG über die Unfallgefahren am Arbeitsplatz unterrichtet werden?

1. Bei Aufnahme der Beschäftigung und daran anschließend in regelmäßigen Abständen
2. Einmalig nach Ablauf der Probezeit
3. In regelmäßigen Quartalsabständen
4. Nur einmalig vor Aufnahme der Beschäftigung
5. Nach Ablauf der Probezeit

Lösungen Prüfungssimulation 3

1. Aufgabe	a) 2; b) 1; c) 3
2. Aufgabe	4; 5
3. Aufgabe	4
4. Aufgabe	2
5. Aufgabe	2
6. Aufgabe	a) 5; b) 8; c) 1; d) 6; e) 2; f) 4; g) 7; h) 3
7. Aufgabe	2
8. Aufgabe	4
9. Aufgabe	1
10. Aufgabe	2; 4
11. Aufgabe	1; 3
12. Aufgabe	3; 4
13. Aufgabe	2
14. Aufgabe	3
15. Aufgabe	2
16. Aufgabe	5
17. Aufgabe	2; 3
18. Aufgabe	3
19. Aufgabe	3; 4
20. Aufgabe	2; 3
21. Aufgabe	4
22. Aufgabe	3
23. Aufgabe	4
24. Aufgabe	a) 5; b) 1; c) 6
25. Aufgabe	3
26. Aufgabe	a) 3; b) 2; c) 1
27. Aufgabe	4
28. Aufgabe	1; 2
29. Aufgabe	5
30. Aufgabe	1

Bewertung: insgesamt 100 Punkte

Je Aufgabe: 3,33333 Punkte, bei Aufgaben mit Mehrfachlösung entsprechend Teilpunkte

Notizen